DIVERSIÓN Y JUEGOS

Planifiquemos una fiesta perfecta

División

Katie McKissick

Asesoras

Michele Ogden, Ed.D
Directora, Irvine Unified School District

Jennifer Robertson, M.A.Ed.
Maestra, Huntington Beach City School District

Créditos de publicación
Rachelle Cracchiolo, M.S.Ed., *Editora comercial*
Conni Medina, M.A.Ed., *Gerente editorial*
Dona Herweck Rice, *Realizadora de la serie*
Emily R. Smith, M.A.Ed., *Realizadora de la serie*
Diana Kenney, M.A.Ed., NBCT, *Directora de contenido*
Stacy Monsman, M.A., *Editora*
Kevin Panter, *Diseñador gráfico*

Créditos de imágenes: pág. 8 The Party Shoppe, LLC www.
thepartyshoppe.net; pág. 26 Burke/Triolo Productions/Getty Images;
todas las demás imágenes de iStock y/o Shutterstock.

Teacher Created Materials
5301 Oceanus Drive
Huntington Beach, CA 92649-1030
http://www.tcmpub.com

ISBN 978-1-4258-2883-7
© 2018 Teacher Created Materials, Inc.
Made in China
Nordica.102017.CA21701218

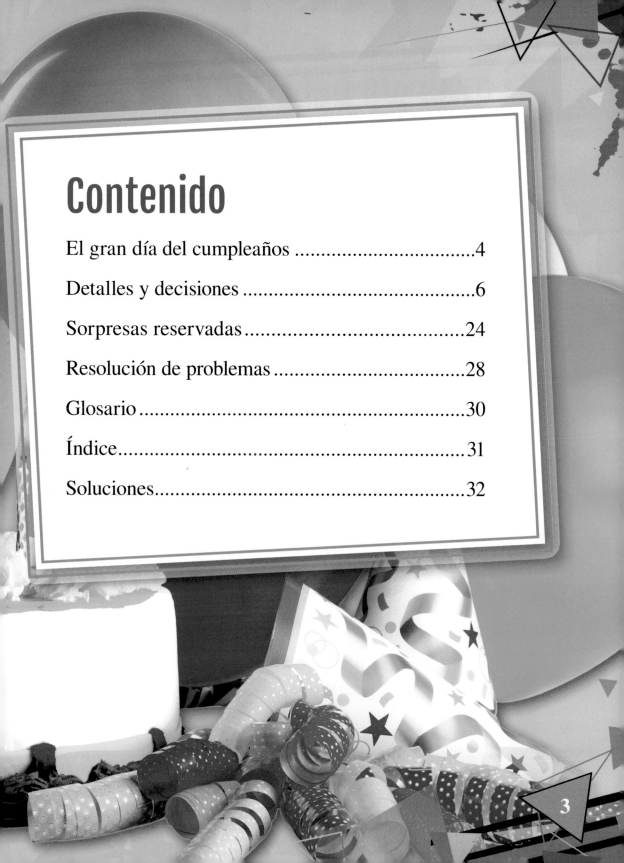

Contenido

El gran día del cumpleaños

A Malika le encantan los cumpleaños. ¡Siempre son muy divertidos! Cuando sus amigos hacen fiestas de cumpleaños, apenas puede contener la emoción. Espera con impaciencia los juegos y la comida. ¡Pero lo que más le gusta es hablar con sus amigos sobre la fabulosa fiesta a la que fueron! Malika quiere asegurarse de que su fiesta les dé a todos mucho de qué hablar.

Solo faltan dos semanas para la fiesta de Malika. Por lo tanto, está pensando mucho en eso. Quiere **incluir** a todos sus amigos. Tiene que haber decoraciones. Los juegos también son importantes. ¡La comida deliciosa no puede faltar! Malika se da cuenta de que deberá dedicarle **esfuerzo** a esta fiesta. Tiene que **planificar** todo, y no hay tiempo que perder. Quiere que su fiesta sea especial porque sus amigos son especiales. Después de todo, una fiesta de cumpleaños solo ocurre una vez al año. Quiere que todos recuerden la suya.

Jesús
Elisa
Martín
Lori
Nick
Remi
Sasha
Vinny
Stacy
Alex

Pedro
Noah
Yuki
Ana
León
Don
Janet
Iván
Sara
Julia

Las listas de invitados ayudan a los organizadores a asegurarse de que todos han sido invitados.

Detalles y decisiones

¡Es hora de ponerse a trabajar! Planificar una fiesta lleva tiempo y reflexión. Hay muchos **detalles** que considerar. Sin embargo, Malika está preparada. Tiene algunas ideas geniales para organizar una maravillosa fiesta de cumpleaños para ella y sus amigos.

Hay muchas **decisiones** que tomar. Primero, debe decidir qué decoraciones habrá. Luego, debe averiguar cuántas decoraciones necesitará.

DOM	LUN	MAR	MIÉ	JUE	VIE	SÁB
					1	2
3	4	5	6		8	⑨ ¡Fiesta!
10	11	12			15	16
17	18	19			22	23
24	25	26			29	30

decoraciones
lista de invitados
comida
recuerdos

Los calendarios y las listas de verificación ayudan a las personas a controlar el tiempo y las tareas cuando planifican grandes eventos.

Después, tiene que decidir cuántas personas invitar. Esta parte es importante. Quiere que todos sus amigos vengan a la fiesta. Cuando sepa cuántas personas irán, podrá comenzar a planificar la comida. ¿Qué sería de una fiesta de cumpleaños sin comida? ¡Muchos invitados se quedarían con hambre!

Por último, tiene que pensar en los **recuerdos** de la fiesta. Es divertido irse de un cumpleaños con un regalito. Ella también quiere que sus invitados se sientan especiales.

¡FELIZ CUMPLEAÑOS de todos nosotros!

Esta tienda de artículos para cumpleaños vende globos de látex y de *mylar*.

Decoraciones

Malika quiere que su fiesta sea alegre y emocionante. Recuerda la fiesta de cumpleaños de su amiga Julia. Había globos por todos lados. Estaba muy bonito. Ella decide que quiere que su fiesta también luzca así.

En la tienda de artículos para cumpleaños, Malika encuentra el **pasillo** de los globos. ¡Pero hay tantos! Son de diferentes tamaños y colores. Hay globos de látex, que es como goma. Hay globos hechos de *mylar*, que es como papel de aluminio. Malika tiene que tomar algunas decisiones difíciles.

A Malika le gustan más los globos lisos de látex. Pero no puede decidir qué color llevar. Lo piensa durante mucho tiempo. Finalmente, elige los globos amarillos y azules. Son sus colores favoritos. Piensa atarlos en grupos por toda la casa.

Malika piensa que los colores se verán muy bien. Pero no sabe cuántos globos comprar. Los quiere **dividir** en partes iguales entre las 5 mesas de su fiesta. Ve una bolsa con 15 globos. Como son 5 mesas, significa que habrá 3 globos en cada mesa.

A Malika le parece muy bien, ¡pero quiere algo especial! Tal vez debería haber 5 globos en cada mesa. Esto significa que necesita más de 15. Entonces, ella **multiplica**. Sabe que tiene 5 mesas. Ahora ya sabe la cantidad de globos que quiere en cada una.

Si coloca 5 globos en cada una de las 5 mesas, significa que habrá 25 globos. Malika ve un paquete de 10 globos azules. Al lado ve una bolsa con 10 globos amarillos. Finalmente, ve un paquete de 5 brillantes globos plateados. ¡Es perfecto! Ya tiene la cantidad exacta de globos para su fiesta.

EXPLOREMOS LAS MATEMÁTICAS

1. La tienda de artículos para cumpleaños tiene 24 globos y 3 exhibidores. Si cada exhibidor tiene una cantidad igual de globos, ¿cuántos globos hay en cada exhibidor?

2. ¿Qué pasa si la tienda coloca un exhibidor más? ¿Cuántos globos tendría ahora cada exhibidor?

Este pastel no alcanza para 400 personas.

Invitaciones

Es hora de empezar a pensar en los invitados. Malika debe enviar invitaciones. Pero primero, debe decidir a cuántas personas invitar.

Piensa mucho en la lista de invitados. Necesita planificar bien. Quiere invitar a todos sus amigos, pero no puede invitar a todas las personas que conoce. Imagina una fiesta con todos los de su escuela. ¡Serían 400 personas! Una fiesta tan grande sería una locura. No habría suficiente espacio para todos. En su casa, sin duda, no habría suficientes sillas. También tendría que comprar muchísima comida y muchos pasteles. Comprar tanta comida sería costoso; mucho más caro que lo que su **presupuesto** le permite. Y no hay manera de que 400 invitados pudieran compartir la comida que ella podría comprar. ¿Quién podría disfrutar de una **tajada** delgada de pastel o un pedacito de aperitivo?

Luego, Malika imagina una fiesta solo con su familia. Las fiestas familiares pueden ser divertidas. Tuvo una el año pasado. En esa fiesta todos comieron y cantaron. Pero no jugaron a ningún juego. Malika decide compartir una celebración divertida con sus amigos.

Malika piensa en sus **opciones**. Ahora, tiene que tomar una decisión. Sabe que no puede invitar a todos los niños de su escuela. También sabe que quiere invitar más que a solo miembros de la familia. Su clase tiene 20 alumnos. Esa cantidad le parece bien. Tiene suficiente dinero en su presupuesto para comprar comida para 20 personas. Además, como puede invitar a todos en su clase, nadie se sentirá excluido. Malika decide que este es el plan perfecto.

1. Malika quiere usar calcomanías para decorar las invitaciones. Un paquete de 42 calcomanías dice: "Alcanza para decorar 7 invitaciones". Si Malika pone la misma cantidad de calcomanías en cada invitación, ¿cuántas calcomanías puede poner en cada una?

2. Malika cambia de idea y decide usar las calcomanías para decorar solo 6 invitaciones. Si Malika pone la misma cantidad de calcomanías en cada invitación, ¿cuántas calcomanías puede poner en cada una?

Estás invitado

Comida

Malika casi ha terminado de planificar la fiesta. Ha invitado a alumnos de su clase. Ha elegido las decoraciones. Ahora le toca pensar en la comida. Pero la comida es difícil. A las personas les gustan cosas diferentes. Malika no tiene que pensar mucho en esto. Su comida favorita es la pizza, y eso es lo que quiere servir.

¿Cuánta pizza debe pedir? Malika tiene que decidir. Pero no está preocupada. Ella sabe cuántas personas vendrán, así que será fácil.

Hay dos maneras en que Malika puede planificar. Puede pedir mucha pizza y dividirla entre las 20 personas. También puede imaginar cuántas porciones de pizza comerá cada persona y multiplicarlo por 20. Ambas formas funcionarán.

Malika decide que necesita 40 porciones de pizza. Si divide esas porciones entre las 20 personas de la fiesta, cada persona tendrá 2 porciones. Eso le parece bien a Malika. ¡Ahora puede tachar un elemento más de su lista!

1. Malika se pregunta si 2 porciones de pizza para cada uno será suficiente. Cambia de idea y decide que cada invitado pueda comer 3 porciones de pizza. ¿Cuántas porciones de pizza necesita ahora?

2. Una pizza grande viene con 10 porciones. ¿Cuántas pizzas grandes necesitará pedir Malika si cada invitado come 3 porciones?

$2.00 el vaso

¿Y para acompañar?

La pizza no es la única comida que Malika tiene que comprar. Después de la fiesta de cumpleaños de su amiga, todo el mundo hablaba sobre las bandejas de verduras. Sabe que sus invitados quieren comer algo más que pizza. Pero no quiere servir la misma comida que en la última fiesta. Malika piensa que un complemento crujiente y fresco será lo mejor. Decide servir ensalada de fruta.

¿Cuántos vasos de ensalada de fruta necesitaría? A todos sus amigos les gusta mucho. Malika piensa que sus 20 amigos querrán comer 1 vaso cada uno.

En el mercado, el sector de productos frescos vende ensalada de fruta a $2 cada vaso. Malika multiplica para calcular cuánto le costará. Si compra 20 vasos a $2 cada uno, tendrá que pagar $40 en total. Es demasiado dinero. Entonces, decide hacer la ensalada de fruta ella misma.

La fruta está en oferta en el mercado. Malika puede comprar una bolsa de fruta mixta que alcanza para 5 vasos por $5.

1. ¿Cuántas bolsas de fruta mixta necesitará Malika si aún desea servir 20 vasos?

2. ¿Cuánto costará 1 vaso de fruta mixta?

3. ¿Cuánto costarán 20 vasos de fruta mixta?

$5.00 la bolsa

Recuerdos de la fiesta

¡Ya falta poco para la fiesta de Malika! Todo lo que queda por hacer es ordenar los recuerdos. Malika está entusiasmada con esta tarea. Les quiere agradecer a sus invitados por venir. Y tiene muchas cosas divertidas para darles a sus amigos.

Recuerdos	Cantidad
canicas	100
paletas de pádelbol	20
lápices	40
botellas de burbujas	20
bolsas	20

Malika cuenta 20 bolsas de colores. Malika quiere que cada bolsa tenga la misma cantidad de artículos. No sería justo que algunos recibieran más que otros.

Malika tiene canicas, lápices, paletas de pádelbol y botellas de burbujas. Primero, trata de calcular cuántos recuerdos tiene. ¡Pero pierde la cuenta! Malika decide hacer una lista. Cuenta las canicas y escribe 100. Luego, cuenta las paletas de pádelbol y escribe 20.

Malika ya no tiene mucho tiempo y debe colocar rápidamente los recuerdos en las bolsas. Comienza con la pila de canicas. Como quiere que cada bolsa tenga la misma cantidad de canicas, decide usar la división.

Malika tiene 100 canicas y 20 bolsas. Eso significa que puede poner 5 canicas en cada bolsa. Las divide en grupos de 5. Luego, continúa con las paletas de pádelbol. Hay 20 bolsas y 20 paletas de pádelbol. Por lo tanto, pone 1 en cada bolsa.

Malika espera que sus amigos disfruten de los recuerdos de la fiesta. Trató de elegir recuerdos que les gusten a todos. ¡No ve la hora de que lleguen los invitados!

Malika sigue contando los recuerdos y termina de escribir la lista.

1. ¿Cuántas botellas de burbujas habrá en cada bolsa?

2. ¿Cuántos lápices puede poner Malika en cada bolsa?

3. Malika quiere preparar algunas bolsas de recuerdos adicionales con juguetes de cuerda para sus primos más pequeños que no pueden venir a la fiesta. Tiene 30 juguetes de cuerda y quiere poner 6 en cada bolsa. ¿Cuántas bolsas puede llenar?

4. ¿Y si pone 5 juguetes de cuerda en cada bolsa? ¿Cuántas bolsas podrá llenar ahora?

Recuerdos	Cantidad
canicas	100
paletas de pádelbol	20
lápices	40
botellas de burbujas	20
bolsas	20

Sorpresas reservadas

El día finalmente ha llegado... ¡es la hora de la fiesta! Malika está muy emocionada. Hay globos por todas partes, y sus amigos han llegado. Están comiendo pizza y jugando. Las bolsas de recuerdos están todas alineadas sobre la mesa. Malika está agradecida de poder compartir su día especial con sus amigos.

¡Pero entonces, hay una gran sorpresa! Alguien trajo amigos de otra ciudad. Hay 4 personas más en la fiesta. Malika planificó todo para 20 personas exactamente, y ahora hay 24. ¿Que debería hacer? ¿Debería pedirles que se fueran? Sería una conversación incómoda. Y Malika no quiere ser grosera. Debería de haber una manera de incluirlos. Malika trata de pensar una solución. Ella quiere asegurarse de que todo el mundo pueda comer un poco de la deliciosa pizza. ¿Cómo puede asegurarse de que así sea?

Malika pensó que iba a tener 20 invitados. Pidió 6 pizzas grandes para que cada persona pudiera comer 3 porciones. Eso hace un total de 60 porciones de pizza. Pero ahora podría no ser suficiente.

Malika ve que algunos de sus invitados están comiendo solo 2 porciones de pizza. Tal vez haya suficiente para los nuevos amigos.

Malika trata de contar la cantidad de invitados que está comiendo solo 2 porciones. ¡Pero todos se mueven! Decide contar la cantidad de porciones de pizza que todavía están en la mesa. Malika estima que las 4 nuevas personas comerán cada una 3 porciones de pizza. Si quedan 12 porciones, ¡Malika no tendrá que pedir más!

EXPLOREMOS LAS MATEMÁTICAS

Imagina que Malika decide pedir más pizza. Necesita 12 porciones más. Una pizza pequeña tiene 4 porciones. ¿Cuántas pizzas pequeñas debería ordenar?

Resolución de problemas

León es un invitado a la fiesta de Malika. Está muy entusiasmado. Hay muchos juegos para jugar y cosas para hacer. Es difícil decidir qué hacer primero. Para ayudar a los invitados a elegir cómo aprovechar su tiempo, se ha publicado una tabla. Muestra cuánto tiempo lleva cada actividad. Averigua cómo León planifica su tiempo en la fiesta respondiendo las preguntas.

1. León estará en la fiesta durante 45 minutos. ¿Cuántas veces puede ir al castillo inflable?

2. León va al castillo inflable dos veces. Luego, va a que le pinten el rostro. ¿Tiene tiempo suficiente para cambiar de idea y que le vuelvan a pintar el rostro?

3. León tiene 30 minutos antes de que tenga que marcharse. ¿Cuántas veces puede completar la pista de obstáculos? ¿Le quedará más tiempo?

4. León pasa una cantidad igual de minutos en cada obstáculo. ¿Cuántos obstáculos podría haber en la pista de obstáculos? ¿Cuántos minutos podría emplear en cada uno?

Actividad	Tiempo requerido
pista de obstáculos	9 minutos
pintura facial	15 minutos
castillo inflable	5 minutos

Glosario

decisiones: elecciones que haces

detalles: pequeñas partes de las cosas

dividir: compartir o agrupar en partes iguales

esfuerzo: la energía que se usa para hacer algo

incluir: hacer que algo o alguien sea parte de otra cosa

multiplica: suma un número a sí mismo muchas veces

opciones: elecciones o posibilidades

pasillo: el espacio con estantes a ambos lados por donde la gente camina en una tienda

planificar: pensar en los detalles de algo antes de que suceda

presupuesto: una planificación para usar dinero por un período de tiempo

recuerdos: pequeños regalos que se dan en las fiestas

tajada: una porción que es cortada, partida o rasgada de algo más grande

Índice

Soluciones

Exploremos las matemáticas

página 11:

1. 8 globos
2. 6 globos

página 15:

1. 6 calcomanías
2. 7 calcomanías

página 17:

1. 60 porciones
2. 6 pizzas

página 19:

1. 4 bolsas
2. $1
3. $20

página 23:

1. 1 botella
2. 2 lápices
3. 5 bolsas
4. 6 bolsas

página 27:

3 pizzas pequeñas

Resolución de problemas

1. 9 veces
2. Sí, León tendrá suficiente tiempo porque 10 + 15 + 15 = 40, que es menos que los 45 minutos que le quedan en la fiesta.
3. 3 veces; quedan 3 minutos
4. 1 obstáculo, 9 minutos; 3 obstáculos, 3 minutos cada uno; 9 obstáculos, 1 minuto cada uno